हर्फ़-ए-रायगाँ

ग़ज़ल-संग्रह

सालिक गणवीर

अंजुमन प्रकाशन

अंजुमन प्रकाशन
942, मुट्ठीगंज, प्रयागराज-3 उत्तर प्रदेश, भारत
www.anjumanpublication.com
contact@anjumanpublication.com

हार्डकवर, प्रथम संस्करण अंजुमन प्रकाशन द्वारा 2021 में प्रकाशित

आवरण व टाइप सेटिंग : अंजुमन प्रकाशन

ISBN : 978-819-5304-52-3

अपनी बेटियों

स्वाति और अदिति

के लिए.

भूमिका

सबसे पहले सालिक भाई को दिल की गहराइयों से 'हर्फ़-ए-राएगाँ' संग्रह के प्रकाशित होने पर बधाई देता हूँ। जैसा कि कहा गया है कि जो बात दिल से निकलती है असर करती है, सालिक भाई की ग़ज़लें बह्र, काफ़िया रदीफ से ऊपर दिल से निकले हुए अहसास हैं जो उनकी ग़ज़लों की सबसे बड़ी ख़ासियत है। उनकी भाषा बिल्कुल आमफ़हम है जिसमें एक बागी तेवर, एक तल्ख़ अंदाज़ के साथ साथ कुछ नाज़ुक अहसास भी शामिल हैं।

इस संग्रह में अलग अलग मिज़ाज और तेवर से आप रू-ब-रू होंगे, कुछ बानगी पेश है, एक ही ग़ज़ल के दो शेर देखें,

"अपनी औक़ात भी चींटी से गई गुजरी है
जब भी चाहेगा तू चुटकी से मसल सकता है"

फिर शायर अपना तेवर थोड़ा बदलकर लिखता है,

"तिश्नगी उसकी अभी देखी कहाँ है तुमने
एक ही सांस में दरिया भी निगल सकता है"

पहले शेर में एक नाउम्मीदी है तो दूसरे में ग़ज़ब का ऑप्टिमिज्म, हम अक्सर ऐसी ही मानसिकता से गुजरते हैं। इस तरह के कंट्रास्ट पैदा करना सालिक भाई बख़ूबी जानते है।

एक ज़िम्मेदार शायर की तरह सालिक भाई सियासत और रोज़मर्रा की घटनाओं पर पैनी नज़र रखते हैं और अक्सर उसे ग़ज़ल और शेर में ढालकर शायर होने का फ़र्ज़ निभाते रहे हैं। मौजूदा हालात को बयान करता हुआ एक शेर देखें,

"बड़ी सूनी हैं बारातें बहुत कम लोग मैयत में
कभी इक भीड़ जाती थी अभी दो-चार जाते हैं"

या फिर सरकारी कार्यप्रणाली की पोल खोलता हुआ ये तल्ख़ अशआर देखें

"गर आके देख लो तो गड्ढे भी न मिलेंगे
हाँ, लोग काग़ज़ों पर नहरें बना चुके हैं"

"अजनबी हो नगर में तुम शायद
रोज़गारों की बात करते हो"

इंसानी जज़्बात के साथ साथ, ख़ामोश जानवर की तकलीफ़ को भी किस तरह महसूस किया गया है, मिसाल के तौर पर इन अशआर पर गौर फरमाएं

"अपने बच्चों से हार जाता हूँ
फ़िर से जाकर उधार लाता हूँ"

"फल खिलाया था जिसने हाथी को
यार बारुद से उड़ा उसको"

कुल मिलाकर एक शायर होने के नाते इतना कह सकता हूँ कि सालिक जी के इस संग्रह को पढ़कर कहीं से भी ऐसा नहीं महसूस हुआ कि ये उनका पहला ग़ज़ल संग्रह है, एक दम सधी और कसी हुई ग़ज़लें है, कोई दुहराव नहीं कोई ठहराव नहीं, भाषा, शिल्प और कथ्य तीनों मोर्चे पर 'हर्फ़-ए-राएगाँ' एक मुक़म्मल संग्रह, बाक़ी पाठक ख़ुद ही तय करेंगे। मैं उम्मीद के साथ-साथ यकीन भी करता हूँ कि पाठक इसे पढ़कर मायूस नहीं होंगे बल्कि कहीं न कहीं ख़ुद का अक्स इन ग़ज़लों में वो पाएंगे।

इसके साथ ही मैं 'हर्फ़-ए-राएगाँ' संग्रह के कामयाब होने की दुआ करता हूँ और फिर से एक बार सालिक भाई को बधाई देता हूँ और शुक्रिया अदा करता हूँ कि इतनी ख़ूबसूरत और ज़रूरी ग़ज़लें पढ़ने को मिलीं।

\- नाकाम

भूमिका

मेरी मुलाक़ात सालिक गणवीर साहिब से एक राइटिंग प्लेटफॉर्म पर हुई थी। मैंने जब इनकी ग़ज़लें पढ़ी, तो सालिक गणवीर साहिब मेरे महबूब शाइर हो गए। इसकी शाइरी ने मुझे बहुत मुतासिर किया। जो मौज़ूआत ये अपनी ग़ज़लों में लिखते हैं वो बिल्कुल नए होते हैं, नए दौर की नई शाइरी भी कह सकते हैं। अपनी बिटिया से इनको कितनी मुहब्बत है, इनकी शाइरी में वो साफ़-साफ़ दिखता है। जैसे कि ये शे'र

"अफ़सोस पेड़ को भी यही उम्रभर रहा
क्यूँ घोसले से चिड़िया वो जल्दी चली गई"

इनकी शाइरी में हर वो ख़यालात हैं, जो इक आम आदमी महसूस करता है। अपने महबूब से बिछड़ जाने का दुःख, या किसी पर तंज़। हर एक मौज़ू भरपूर रहता है। सालिक गणवीर साहिब से मैंने बहुत कुछ सीखा और उन पर अमल भी किया। मेरी दुआएँ हमेशा आपके साथ है।

"उसकी फ़ेहरिस्त में सुनो सालिक
बस तुम्हीं ला-जवाब शाइर हो"

- रूपम कुमार 'मीत'

अपनी बात

पढ़ने का शौक़ बचपन से ही था। मेरी परवरिश ऐसे माहौल में हुई जहाँ ज़ियादातर लुगदी साहित्य ही पढ़ा जाता था। पढ़ने की शुरूआत यहीं से हुई। स्कूल में पढ़ाई गई चंद्रधर शर्मा 'गुलेरी' की कहानी, 'उसने कहा था', मुझे अभी भी रोमांचित करती है। साहित्य मैंने यहीं से पढ़ना शुरू किया जो अब तक बदस्तूर जारी है। लिखना भी इसी दौरान शुरू हुआ।

उन दिनों नौकरी बहुत आसानी से मिल जाती थी। अड़तीस वर्षों तक भिलाई इस्पात संयंत्र में नौकरी के दौरान पढ़ना तो नहीं छूटा मगर लिखना लगभग छूट ही गया। संज़ीदगी से लिखना पुनः शुरू तब किया जब रिटायरमेंट क़रीब था। मेरे इस संग्रह में कुछ ग़ज़लें ऐसी भी हैं जो तीस साल पहले लिखी गई हैं। एक राइटिंग प्लेटफार्म पर भाई रवि भसीन जी से मुलाक़ात हुई थी, उन्हीं की मार्फ़त समर कबीर से परिचय हुआ। मेरी नई-पुरानी ग़ज़लों की इस्लाह उन्हीं ने की है। उस्ताद-ए-मुहतरम को इसके लिए तह-ए-दिल से शुक्रिया अदा करता हूँ। मैं धन्यवाद देता हूँ भाई संजीव जैन को, जिसने मेरी ग़ज़लों को पहले सुना, सराहा और हौसला अफ़जाई की। मैं शुक्रगुज़ार हूँ अपनी जीवन संगिनी सविता गणवीर का जिसने सालों तक डायरी सँभाल कर रखी, और अंत में अंजुमन प्रकाशन के भाई वीनस केसरी को धन्यवाद देता हूँ जिनके सहयोग के बगैर इस ग़ज़ल संग्रह का प्रकाशन संभव नहीं था।

मैंने अपनी ग़ज़लों में कोई नई बात नहीं कही है, जो मैंने कहा है न जाने कितने लोग पहले भी कह चुके हैं। मैं इसलिये कह रहा हूँ कि मुझे भी कहना है। बस इतना ही।

30-06-2021

- सालिक गणवीर

भिलाई छ.ग.

अनुक्रम

(1)

आग वो बरसा रहे हैं धूप में
फिर भी हम तो जा रहे हैं धूप में

सर पे छाता तानकर उसने कहा
फूल क्यों मुरझा रहे हैं धूप में

पेट तो भरना पड़ेगा इसलिए
हम हवा ही खा रहे हैं धूप में

शह्र की सब खिड़कियाँ तो बंद हैं
लोग क्यों चिल्ला रहे हैं धूप में

चील ही काफ़ी थी साँपों के लिए
क्यों सँपेरे आ रहे हैं धूप में

लड़ रहे थे जो उजालों के लिए
रौशनी बिकवा रहे हैं धूप में

(2)

तमतमा कर पाँव पटके लाल पीले हो गए
यानी हम उनकी नज़र में अब रँगीले हो गए

गालियाँ खाते रहे हैं उम्र-भर क्या इसलिए
जितने कपड़े थे बदन पर सारे ढीले हो गए

ये चमन ऐसा है इसमें फूल खिलना जुर्म है
इस सबब से लोग भी इतने कँटीले हो गए

रोते-रोते हँस पड़ा मैं पर मुझे मालूम है
जाने कितने उनके भी रुमाल गीले हो गए

ज़ह्र नफ़रत का भरा था जिनके सीनों में यहाँ
दोस्तो उनके ही देखो कण्ठ नीले हो गए

(3)

कहाँ गए हैं वो दिन-रात माँगने वाले
वो बदनसीब मेरे साथ माँगने वाले

ये अपने अपने मुक़द्दर की बात है शायद
जो बाँटने लगे ख़ैरात माँगने वाले

समझ न आए ये ऐसा ही इक मुअम्मा है
जो भीगते नहीं बरसात माँगने वाले

न मिलने आ सके हालात के बदलने पर
वो लम्हा लम्हा मुलाक़ात माँगने वाले

बड़े वो क्या हुए मुझको ही हुक्म देते हैं
दो टॉफ़ियों की वो सौग़ात माँगने वाले

(4)

यार ज़माना तेरा भी है मेरा भी
एक ठिकाना तेरा भी है मेरा भी

धीरे-धीरे भर जाएगा इक दिन ये
घाव पुराना तेरा भी है मेरा भी

ग़म की इन अंधी गलियों में आए दिन
आना-जाना तेरा भी है मेरा भी

दर्द-ओ-अलम से बैर हमारा था लेकिन
अब याराना तेरा भी है मेरा भी

मौत नहीं आती जब तक जीते रहना
यार बहाना तेरा भी है मेरा भी

(5)

ऊँची हवेलियों में सिमटने लगे हैं लोग
अब तो ज़मीं से अपनी ही कटने लगे हैं लोग

तन्हाइयों की हद का ये आलम तो देखिए
साये से अपने डर के लिपटने लगे हैं लोग

ये चाल तो नहीं है सियासत की दोस्तो
मज़हब की आड़ लेके जो बँटने लगे हैं लोग

ये हाल हो गया है कि ईमाँ की राह से
इक एक करके देखिये घटने लगे हैं लोग

जब हाँ में हाँ मिलाते थे तब तक तो ठीक था
इंकार कर दिया है तो कटने लगे हैं लोग

(6)

दर्द-ओ-अलम के मारे लोग
हैं कितने बेचारे लोग

जुर्म अगर है प्यार वफ़ा
मुजरिम होंगे सारे लोग

कोई हसीना बोले तो
तोड़ के ला दें तारे लोग

अब तो सारे दुश्मन हैं
थे कल जान से प्यारे लोग

लहजा है मिसरी-सा पर
हैं अन्दर से खारे लोग

(7)

चलें आँधियाँ जब ख़यालात की
उड़ाती हैं नींदें मेरी रात की

सितम उनका देखो बुलाकर हमें
जगह ही बदल दी मुलाक़ात की

खड़ा रह गया मैं हुआ तर-ब-तर
झड़ी जब लगा दी सवालात की

ज़बाँ से हमें कुछ न कहते बना
इशारों इशारों में ही बात की

मेरी आँख से बूँद क्या इक गिरी
ख़बर हो गई उनको हालात की

चलो छत पे लेटें सितारे गिनें
न हो सुब्ह इतनी हसीं रात की

(४)

हवस है जीत लेने की यूँ हारा हम नहीं करते
किसी भी जंग में लग़ज़िश गवारा हम नहीं करते

दुखों की खाइयाँ गहरी हों कितनी भी मगर यारो
कभी गहराई में ख़ुद को उतारा हम नहीं करते

हमेशा ज़िन्दगी की उलझनें सुलझाते रहते हैं
किसी ज़ुल्फ़ों के पेचो-ख़म सँवारा हम नहीं करते

हमें तो जो भी कहना हो हमेशा मुँह पे कहते हैं
कभी आँखों ही आँखों में इशारा हम नहीं करते

नहीं ये ख़ुदकुशी प्यारे ये मरने का सलीक़ा है
अगर साहिल पे डूबें तो पुकारा हम नहीं करते

भरोसा हम तो अपने क़ुव्वते-ए-बाज़ू पे रखते हैं
किसी के माल पर हरगिज़ गुज़ारा हम नहीं करते

मुहब्बत और लड़ाई में चलो जाइज़ है सब लेकिन
किसी की पीठ में ख़ंजर उतारा हम नहीं करते

(९)

नया इक मोड़ आएगा हमारी इस कहानी में
मगर से बैर लेना है हमें अब रह के पानी में

तेरे बिन कट रही है ज़िन्दगी कुछ इस तरह जानम
किसी बूढ़े की बीवी भागी हो जैसे जवानी में

शजर के पंछी सारे उड़ गए हैं घोंसले से अब
बड़ी तकलीफ़ होती है मुझे अब बाग़बानी में

न जाने कितने कारागार में हैं क़ब्र में कितने
न जाने कितनी जानें जा चुकी है हक़ बयानी में

कहीं पर फेंक दें तुहफ़े जला दें ख़त पुराने सब
निशाँ मिलता नहीं जिसका रखा क्या उस निशानी में

अगर मर जाएँ तो शायद मिले कुछ चैन ऐ 'सालिक'
सुकूँ तो मिल नहीं पाया अभी तक ज़िन्दगानी में

(10)

दूर तक रौशनी के थे डेरे बहुत
मेरे चारों तरफ़ थे अँधेरे बहुत

मैं चला जाऊँ अब इस जहाँ से कहीं
दोस्त कम और दुश्मन हैं मेरे बहुत

कोई मुझ-सा मिलेगा न तुझको कहीं
मैंने माना कि आशिक़ हैं तेरे बहुत

शक्ल तेरी बनी ही नहीं आज तक
मैंने पत्थर पे चेहरे उकेरे बहुत

धूप ही धूप है अब कहाँ ज़ीस्त में
थे जो ज़ुल्फ़ों के साये घनेरे बहुत

(11)

खेल मत दिल से मेरे इसको खिलौना न बना
प्यार तो रब की इनायत है तमाशा न बना

सब यहाँ ले के वुजूद आए हैं अपना अपना
बूँद को बूँद ही रहने दे तू दरिया न बना

पेड़-पौधों की कई नस्लें हैं मौजूद यहाँ
एक ही फूल से तू पूरा बगीचा न बना

लाखों चेहरे हैं ज़माने में मगर आज तलक
तेरे जैसा तो यहाँ कोई भी चेहरा न बना

जब तलक ज़िन्दा हैं जन्नत की ज़रूरत क्या है
इस ज़माने को तू कोई नई दुनिया न बना

सूरतें बदली नहीं आइना क्यों झूठ कहे
झूठ है झूठ इसे सच का मुलम्मा न बना

(12)

है कहाँ वो किधर है नया आदमी
देख गुम हो न जाये भला आदमी

पैरहन की दुकानों के बाहर मिला
चीथड़ों में वो लिपटा हुआ आदमी

हारता ही रहा है कई बाज़ियाँ
फिर भी मैदान में है डटा आदमी

झुक गई है कमर फिर भी देखो मियाँ
बोझ ग़ैरों का ढोता रहा आदमी

कल सुना था कि वो चल बसा रात में
सुब्ह फिर से मगर जी उठा आदमी

लोग चिंगारियाँ ढूँढ़ते रह गए
ख़ाक में मिल गया बुझ गया आदमी

(13)

ज़िंदगी रास्ता देखती हो मेरा
सामना मौत से भी तभी हो मेरा

मैं चलूँ अपने बच्चों की उँगली पकड़
फिर भले ये सफ़र आख़िरी हो मेरा

वाक़िआ होगा पहला यक़ीं मानिए
सामना मौत से जब कभी हो मेरा

अब ये मुमकिन नहीं आज के दौर में
शह्र में भी रहूँ गाँव भी हो मेरा

ख़ाक ऐसे करें नफ़रतों का जहाँ
आग तेरी रहे और घी हो मेरा

ज़िंदगी को भी आना पड़े सामने
मौत जब भी पता पूछती हो मेरा

आज तक शख़्स जो हुक्म देता रहा
एक दिन के लिए अर्दली हो मेरा

(14)

रूठ जाते हैं कभी दिन के उजाले मुझसे
अब नहीं जाते अँधेरे ये सँभाले मुझसे

सूख जाता है गला प्यास के मारे जब भी
दूर हो जाते हैं पानी के पियाले मुझसे

क़ैद रक्खा है मुझे उसने कई सालों से
चाबियों का भी पता पूछ न ताले मुझसे

सामने मेरे बहुत लोग यहाँ भूखे हैं
आज निगले नहीं जाएँगे निवाले मुझसे

हाथ जब मेरे सलीबें ही उठाना चाहें
ख़ार अब माँग रहे पैरों के छाले मुझसे

इक ज़माना था कभी साथ दिखा करते थे
दूर ही रहते हैं अब देखने वाले मुझसे

क्यों नहीं छपतीं यहाँ ग़ज़लें तुम्हारी 'सालिक'
पूछते रहते हैं हर दिन ही रिसाले मुझसे

(15)

मायूसियों के साथ कभी घर नहीं गया
दर पर ही मैं खड़ा रहा अंदर नहीं गया

ये सोच कर खड़े हैं अभी तक सुकून से
पानी किसी के सर से तो ऊपर नहीं गया

बरसों गुज़र गए मुझे काटा था साँप ने
पर दिल से मेरे आज तलक डर नहीं गया

होना जहाँ नहीं था मैं पाया गया वहीं
जाना जहाँ था मैं वहाँ अक्सर नहीं गया

इक दिन तेरे क़रीब तो आना ही था मुझे
प्यासे के पास तो कभी सागर नहीं गया

(16)

जिसे ढूँढ़ता हूँ मैं दर-ब-दर मुझे आज तक वो मिला नहीं
वो छुपा है मुझ में ही दोस्तो मुझे फिर भी उसका पता नहीं

मेरी ग़लतियों को मुआफ़ कर जो ख़ता हुई तो सज़ा भी दे
कई ऐब मुझमें हैं जान-ए-जाँ कि मैं आदमी हूँ ख़ुदा नहीं

मुझे माल-ओ-ज़र की तलब नहीं मिरी छोटी-छोटी हैं ख़्वाहिशें
जो मिला है उस पे ही ख़ुश हूँ मैं जो नहीं मिला तो गिला नहीं

मैं हूँ पूरे होश-ओ-हवास में मेरी बात का तू यक़ीन कर
है नशा मुझे तेरे प्यार का किसी और शै का नशा नहीं

उन्हें मेरी कोई ख़बर नहीं वो जो काग़ज़ों के महल में हैं
कोई जा के उनको बताए ये मैं सुलग रहा हूँ बुझा नहीं

मुझे रंज है इसी बात का कोई ग़म अगर है तो बस यही
मुझे उस गुनह की सज़ा मिली जो गुनाह मैंने किया नहीं

यही यार मेरा नसीब है मेरा हाल कितना अजीब है
कभी ज़िंदगी से सहम गया कभी मौत से भी डरा नहीं

नहीं तितलियाँ कहीं बाग़ में यहाँ कैसा जश्न-ए-बहार है
न किसी भी शाख़ पे फूल हैं कोई पेड़ भी तो हरा नहीं

(17)

ये न पूछो ख़ुद से मैं क्या चाहता हूँ
बर्फ़ में भी गर्म रहना चाहता हूँ

मौत थोड़ी देर गर ज़िंदा रखे तो
तुझको सीने से लगाना चाहता हूँ

ऐ ख़ुदा तू बेटियाँ मुझको अता कर
मैं ये दौलत पा के खोना चाहता हूँ

मैं तो ठहरा एक आवारा-सा बादल
बस हवा के साथ उड़ना चाहता हूँ

ज़िंदगी में जब मिले गिर्दाब मुझको
तेरे हाथों का किनारा चाहता हूँ

जीत की ख़ुशियाँ तेरे चेह्रे पे आएँ
इसलिए मैं मात खाना चाहता हूँ

ज़िंदगी में गर पशेमाँ तू हुआ तो
शर्म से मैं डूब मरना चाहता हूँ

(18)

दिन में दिखते हैं सितारे अब मुझे
कोई छत से तो उतारे अब मुझे

राम जाने मैं कहाँ हूँ या ख़ुदा
कोई हौले से पुकारे अब मुझे

एक दिन जा कर मिलूँगा मैं उसे
मौत करती है इशारे अब मुझे

डूबना ही है मुझे दरिया में जब
क्यों बुलाएँगे किनारे अब मुझे

बेसहारा ख़ुद है इस आलम में जो
छोड़ दो उसके सहारे अब मुझे

दुश्मनों के साथ इतने दिन रहा
जाँ से बढ़ कर हैं वो प्यारे अब मुझे

मैं कभी बिगड़ा नहीं तो क्या हुआ
कोई आकर तो सुधारे अब मुझे

(19)

एक फ़ेहरिस्त गुनाहों की बना दी मैंने
और फिर ख़ुद को कई बार सज़ा दी मैंने

क्या पता कोई मुझे याद रखे या न रखे
अपनी तस्वीर कहीं घर में लगा दी मैंने

आज कुछ रंग उदासी के मिले तो यारो
एक ग़मगीन-सी तस्वीर बना दी मैंने

इससे पहले कि अना मुझको जलाती यारो
उसके टुकड़े किए फिर आग लगा दी मैंने

फिर न फैले तेरी यादों का धुआँ इस डर से
शम'अ जलती हुई चुपचाप बुझा दी मैंने

(20)

जो दर पे आना पड़ा तेरे इल्तिजा के लिए
मैं तुझसे दूर चला जाऊँगा सदा के लिए

उसी ने दी थी नसीहत दिया जलाने की
उसी ने खोल दिये देखो दर हवा के लिए

दुआ क़ुबूल हुई है उसी की सुनते हैं
कि जिसने हाथ उठाए नहीं दुआ के लिए

बहा के अपना पसीना मिला न जब कुछ भी
लहू भी बेच दिया उसने कल दवा के लिए

ज़मीन दे नहीं सकते तो दफ़्न कर दीजे
पनाह अब तो मुझे दीजिए ख़ुदा के लिए

गुनाह कर के भी बेख़ौफ़ दिख रहे थे जो
भटक रहे हैं वही लोग अब सज़ा के लिए

नसीब देखो वही बन गए कफ़न उसका
जो उसने थान ख़रीदे थे कल क़बा के लिए

(21)

हमको मिल-जुल कर नई दुनिया बसानी चाहिए
अब तो यारो ज़ह्न में ये बात आनी चाहिए

थक चुके हैं इश्क़ के क़िस्से पुराने सुन के ये
दर्शकों को अब कोई ताज़ा कहानी चाहिए

प्रियतमा की गोद हो या मरघटों की हो शिला
हो कहीं भी दोस्तो पर नींद आनी चाहिए

आग पानी में लगाना तो पुराना खेल है
अब नई तरकीब तुम को आज़मानी चाहिए

नफ़रतों के क़ाफ़िले को रोकने के वास्ते
अब हमें दीवार इक ऊँची उठानी चाहिए

आग बस्ती में लगाई है उन्होंने आदतन
और ये फ़रमान आया है कि पानी चाहिए

काट लूँ रातें ठिठुर कर दिन में लेकिन दोस्तो
मेरे घर में भी ज़रा-सी धूप आनी चाहिए

(22)

जीने का उन दिनों वो सहारा ज़रूर था
होने से पहले ग़ैर हमारा ज़रूर था

बरबाद कर दिया मुझे अह्ल-ए-जहाँ ने पर
थोड़ा-सा हाथ इसमें तुम्हारा ज़रूर था

गिर्दाब में धकेला था कल जिसने दोस्तो
डूबा तो मैंने उसको पुकारा ज़रूर था

दुश्मन था मेरी जान का ये झूठ भी नहीं
सच ये भी है कि जान से प्यारा ज़रूर था

माना कि दुश्मनों ने ही लूटा मेरा चमन
पर दोस्तों का इसमें इशारा ज़रूर था

आए थे ज़िंदगी में तो था पास कुछ नहीं
गर्दिश में उन दिनों भी सितारा ज़रूर था

सूराख़ भी न कोई हुआ सर पे आ गिरा
पत्थर तो आसमान को मारा ज़रूर था

(23)

समंदर में भी लहरों का सहारा साथ होता है
जहाँ गिर्दाब मिलते हैं किनारा साथ होता है

यही होता हमेशा से यही तक़दीर है मेरी
जहाँ हो फ़ायदा मुझको ख़सारा साथ होता है

उजाला ही उजाला है अभी तक ज़िंदगानी में
अगर जुगनू नहीं होता सितारा साथ होता है

कभी तन्हाइयों में भी अकेला रह नहीं पाता
तिरे ख़्वाबों ख़यालों का नज़ारा साथ होता है

भड़कने के लिए थोड़ी हवाएँ चाहिए उसको
जहाँ भी राख होती है शरारा साथ होता है

किसी की बद-दुआ मेरा नहीं कुछ भी बिगाड़ेगी
जहाँ भर की दुआओं का सहारा साथ होता है

(24)

सब का जीना हराम होने दो
सिर्फ़ उनका ही काम होने दो

कल मिली थी हमें ये आज़ादी
आज फिर से ग़ुलाम होने दो

कोई प्यासा मरे मगर यारो
उनके हाथों में जाम होने दो

ये नई चाल है सियासत की
ख़ास ख़बरों को आम होने दो

सुब्ह आराम से कटी हो तो
शाम का इंतज़ाम होने दो

हम तो गुमनाम मर गए 'सालिक'
उनका दुनिया में नाम होने दो

(25)

दुख जहाँ में कहाँ नहीं मिलता
कुछ पता दो कि वाँ नहीं मिलता

प्यासे मिलते हैं सैकड़ों लेकिन
कोई दरिया यहाँ नहीं मिलता

कैसे गुज़रे थे लोग राहों से
एक भी क्यों निशाँ नहीं मिलता

मुझको मिलती नहीं ज़मीन कहीं
और तुम्हें आसमाँ नहीं मिलता

उसको फुटपाथ मिल गया लेकिन
हमको अब तक मकाँ नहीं मिलता

हर जगह मैं तलाश करता हूँ
पर तिरा आस्ताँ नहीं मिलता

झूठे मिलते हैं जा-ब-जा लेकिन
एक भी हक़-बयाँ नहीं मिलता

शह्र में हैं इमारतें तो बहुत
घर का नाम-ओ-निशाँ नहीं मिलता

(26)

आजकल कुछ काम ऐसे भी तो कर जाता हूँ मैं
सुब्ह ज़िंदा होता हूँ हर शाम मर जाता हूँ मैं

ज़ीस्त में तनहाइयाँ इतनी रही हैं दोस्तो
अपना ही साया दिखाई दे तो डर जाता हूँ मैं

अपनी तकलीफ़ों को बाहर छोड़ कर आता तो हूँ
संग आ जाती हैं वापस जब भी घर जाता हूँ मैं

जब पुकारा ही नहीं उसने न मुझको दी सदा
चलते-चलते फिर अचानक क्यों ठहर जाता हूँ मैं

अपने माज़ी के घरौंदों की तरफ़ ऐ दोस्तो
चाहता तो हूँ नहीं दिल से मगर जाता हूँ मैं

(27)

तेरी महफ़िल में और क्या होगा
फिर तमाशा कोई नया होगा

क्या ज़रूरत है इन हकीमों की
दर्द ही बढ़ के अब दवा होगा

आग पानी से भी नहीं बुझती
तूने अब तक नहीं सुना होगा

जुर्म मेरा गवाह है यारो
जाने क्या आज फ़ैसला होगा

बात दिल में रहे तो अच्छा है
उससे कह दूँ तो वो ख़फ़ा होगा

फिर चिता जल रही है मरघट गें
फिर कोई दिलजला मरा होगा

(28)

वो नुमाइश जिस्म के कपड़ों की ही करता रहा
चीथड़ों में सामने इक आदमी बैठा रहा

वो हुआ काफ़ूर मेरा ज़र्द चेहरा देखकर
जब तलक था ख़ूँ बदन में जोंक-सा चिपका रहा

रोज़ गड्ढे खोदता हूँ तब कहीं मिलता है जल
बस यही करते हुए मैं आज तक ज़िंदा रहा

मसअला इक ख़त्म होते ही नये पैदा हुए
ज़िंदगी भर दोस्तो यह सिलसिला चलता रहा

सिर्फ़ हमको ही बिसातों पर रखा है सामने
सिर्फ़ पैदल ही हमेशा जंग में पिटता रहा

अब मुझे समझा रहे हैं क्यों हूँ मैं नुक़्सान में
मुफ़्त के सौदे में जिनको फ़ायदा होता रहा

(29)

उठा बोझ तू भी यहाँ ज़िंदगी का
यही काम दुनिया में है आदमी का

यहाँ बाग़बाँ हक़ जमाए हुए हैं
ये गुलशन फ़क़त कहने को है सभी का

अँधेरा है फिर भी उसे ढूँढ़ते हैं
किसी ने न पाया पता रौशनी का

अगर वो छुए उँगलियों को तुम्हारी
तो हिम्मत से पकड़ो गिरेबाँ उसी का

तू मेरा है उसने कहा पर ये सच है
अभी तक हुआ है न कोई किसी का

उसूलों की ईमाँ की करता है बातें
वो लगता नहीं आदमी इस सदी का

(30)

कल रात चाँदनी मिरी छत पर ठहर गई
कितनी तवील रात थी पल में गुज़र गई

चेह्रे से अपने दर्द मिटाकर कभी तो मिल
देखा है जब भी तुझको मेरी आँख भर गई

अब भी हयात में तो अँधेरा है बरक़रार
पेड़ों से अब तो धूप भी नीचे उतर गई

अर्से से लापता है कहाँ है पता नहीं
जो मेरे घर ख़ुशी थी वो आख़िर किधर गई

सहरा का एक तन्हा मुसाफ़िर हूँ दोस्तो
मुझको क़रीब देख के नद्दी भी डर गई

जब मैंने ख़्वाहिशों का गला घोंट ही दिया
हसरत बची थी दिल में वो कल रात मर गई

(31)

दुश्मनी चाहे पाल कर रखना
दोस्ती को सँभाल कर रखना

तब ही उसको यक़ीन आएगा
तुम कलेजा निकाल कर रखना

या ख़ुदा जब भी मौत आए तो
एक दिन और टाल कर रखना

फिर से आया रईस बस्ती में
अपना कासा सँभाल कर रखना

जब भी बाज़ार से गुज़रना हो
हाथ जेबों में डाल कर रखना

कब जवानी गें ये फिसल जाए
हर क़दम देख-भाल कर रखना

एक दाना नहीं कनस्तर में
फिर से पत्थर उबाल कर रखना

(32)

गीत-ग़ज़लों के मियाँ हम तो दिवाने ही रहे
इस नई दुनिया में रह कर भी पुराने ही रहे

ज़िंदगी भर बोरियाँ गेहूँ की वो ढोता रहा
उसके हिस्से में मगर दो-चार दाने ही रहे

ख़त्म याँ होता नहीं मौसम ख़िज़ाँ का दोस्तो
साल भर लेकिन वहाँ मौसम सुहाने ही रहे

जेब ख़ाली हो रही है हम ग़रीबों की मगर
पैसे वालों के मुक़द्दर में ख़ज़ाने ही रहे

दिल भुलाना चाहता है माज़ी में जो कुछ हुआ
ज़ह्न में तो आज तक गुज़रे ज़माने ही रहे

झूठ कहना भी उसे क्यूँ आज तक आया नहीं
उसके होटों पर वही पिछले बहाने ही रहे

(33)

बातों बातों में ही एहसान जताने वाले
इतने ज़ालिम तो नहीं थे ये ज़माने वाले

कुछ भी हो जाए मगर बाज़ नहीं आएँगे
शम्अ उम्मीद की आँधी में जलाने वाले

तुम इजाज़त भी नहीं देते हमें मरने की
और जीने भी नहीं देते ज़माने वाले

तू भी ऐसे ही कभी तड़पेगा मछली की तरह
छोड़कर मुझको मेरे हाल पे जाने वाले

हर तरफ़ ज़ीस्त में बस दर्द-ओ-अलम आँसू हैं
फिर न आना तू कफ़न ओढ़ के जाने वाले

कारवाँ अब ये ख़ुदा जाने कहाँ भटकेगा
रास्ता भूल गए राह दिखाने वाले

चाहे कुछ भी हो तुझे जीत के ले आऊँगा
हार को भी मिरी सीने से लगाने वाले

(34)

उसे पहले कभी देखा नहीं था
वो दिल के पास जो रहता नहीं था

लगी है शह्र की इसको हवा अब
हमारा गाँव तो ऐसा नहीं था

बहुत कुछ बोलती थीं आँखें उसकी
ज़ुबाँ से वो कभी कहता नहीं था

अँधेरों ने रखा था क़ैद जब तक
उजाला दूर तक फैला नहीं था

वही तन कर खड़ा रहता है आगे
कभी जो सामने बैठा नहीं था

रखा था क़ैद में यादों ने तेरी
वहाँ पर तो कहीं पहरा नहीं था

बिका मैं मुफ़्त में बाज़ार में कल
किसी की जेब में पैसा नहीं था

न जाने क्यों नहीं भरता है 'सालिक'
पुराना घाव तो गहरा नहीं था

(35)

इक उम्र रोटियाँ ही कमाने में कट गई
और बाक़ी आशियाना बनाने में कट गई

अपना सुबू तो ख़ाली था ख़ाली ही रह गया
रिंदों की शाम पीने-पिलाने में कट गई

जो थे सफ़ेद बाल छुपाना थे लाज़मी
ये सारी शाम डाई लगाने में कट गई

उसने तो उम्र ख़ार बिछाने में काट दी
और मेरी यार ख़ार हटाने में कट गई

उनको रहा न ख़ौफ़ हवालात का कभी
जिनकी तमाम ज़िंदगी थाने में कट गई

(36)

ये मेरे यार की चाहत का असर लगता है
रात को यादों का मेला मेरे घर लगता है

मैं अँधेरों की पनाहों में सिमट जाता हूँ
जब उजालों से मुझे दोस्तो डर लगता है

मेरी पलकों पे ठहर जाए कोई आँसू तो
देखने वालों को यारो वो गुहर लगता है

सामने वो कभी आया तो मैं मर जाऊँगा
जब भी टीवी में उसे देखूँ तो डर लगता है

जब नज़र आता है उजड़ा हुआ खण्डर कोई
जाने क्या बात है मुझको मेरा घर लगता है

आ ख़रीदें इसे अम्बार लगा दें इसका
ये बता ख़ुशियों का बाज़ार किधर लगता है

(37)

मेरी हर फ़रयाद टाली जाएगी
अब नज़र मुझ पर न डाली जाएगी

फेर लेंगे बे-रुख़ी से वो नज़र
जान मेरी यूँ निकाली जाएगी

वो तो नंगे सर है उसको कैसा डर
हाँ मेरी पगड़ी उछाली जाएगी

दे रहे हैं वो पियाला ज़हर का
बात ये हमसे न टाली जाएगी

छूट जाएगी ये ख़ू-ए-मयकशी
पर न आँखों से ये लाली जाएगी

जिन घरों के सारे दीपक बुझ गए
उन घरों में रात काली जाएगी

फ़ाख़्ता नाज़ुक है ग़म की दोस्तो
मुझको दो तुमसे न पाली जाएगी

इल्म हमने रख लिया है आदतन
उनसे दौलत ही सँभाली जाएगी

(38)

वो अगर मह्रबाँ नहीं होते
ये फ़साने बयाँ नहीं होते

हम उठा लेते बार-ए-ग़म यारो
इतने गर ना-तवाँ नहीं होते

वो ही बेख़ौफ़ शब में सोते हैं
जिनके घर आस्ताँ नहीं होते

ये लड़ाई चलेगी बरसों तक
हर्फ़ जल के धुआँ नहीं होते

कोई तो हम पे मह्रबाँ होगा
तुम अगर मह्रबाँ नहीं होते

काश सुन पाता मैं सदा 'सालिक'
काश तुम बे-ज़बाँ नहीं होते

(39)

छत नहीं है मयस्सर तो क्या हम को ये आसमाँ तो मिला
ख़ुश रहो शह्र में अब तुम्हें रहने को इक मकाँ तो मिला

बोलता वो भी अब कुछ नहीं बोलने से भी क्या फ़ायदा
मैं यही सोचकर ख़ुश हुआ मुझको इक हमज़बाँ तो मिला

देख ज़ख़्मी मुझे राह में देखता ही रहा देर तक
आज सूनी डगर में यहाँ मुझको इक मह्रबाँ तो मिला

फ़िक्र में अपने माँ-बाप की जो घुला जा रहा है यहाँ
आज के दौर में दोस्तो ऐसा इक नौजवाँ तो मिला

बस यही सोचकर आजकल तैरते हैं हवा में सभी
मिल न पाई ज़मीं क्या हुआ पर हमें आसमाँ तो मिला

मैं सफ़र में अकेला नहीं भाइयों ये अलग बात है
मुझको शामिल नहीं कर रहे राह में कारवाँ तो मिला

जब तलक साँस चलती रही ढूँढ़ता ही रहा मैं सुकूँ
जिस्म जैसे ही ठण्डा हुआ आज उसका निशाँ तो मिला

(40)

वापस घर भी तो जाना है
पर रस्ते में मयख़ाना है

रोने से बहतर तो यारो
हँसते-हँसते मर जाना है

छोड़ यहाँ पर जो जैसा है
क्या खोना है क्या पाना है

बातें वो करता है सच्ची
जिसको समझा दीवाना है

पहले जी-भर प्यार करेगा
ज़ुल्म अगर उसको ढाना है

उनको मत हैरत से देखो
शम्अ जहाँ है परवाना है

पाँच बरस के बाद मिला जब
तब जाकर अब पहचाना है

'सालिक' इक सीढ़ी तो लाओ
तोड़ के तारों को लाना है

(41)

तसव्वुर के परों से उड़ के सौ सौ बार जाते हैं
परिंदों की तरह हम भी समंदर पार जाते हैं

उसे ख़ुश देखने के वास्ते अक्सर किया है ये
वो बाज़ी जब लगाता है हम उससे हार जाते हैं

ख़रीदारी की हिम्मत है नहीं मँहगाई में लेकिन
तसल्ली के लिए बच्चों की हम बाज़ार जाते हैं

जिन्हें ज़िंदा रखा मैंने अभी तक इस फ़साने में
वही किरदार अब देखो मुझे ही मार जाते हैं

बड़ी सूनी हैं बारातें बहुत कम लोग मय्यत में
कभी इक भीड़ जाती थी अभी दो-चार जाते हैं

(42)

बात फिर कीजिए किताबों की
दब के सूखे हुए गुलाबों की

बूँद पानी की हमको मिलती नहीं
उनके घर है नदी शराबों की

दफ़्न सब हो चुके हैं गंगा में
सद्गति हो चुकी है ख़्वाबों की

टूटी चप्पल थी पैर में जिनके
बात करते हैं अब जुराबों की

गर्दनें तान दीं सवालों ने
सूरतें देखिए जवाबों की

क़र्ज़ भी मुफ़्त में मिला जिनको
फ़िक्र वो क्यों करें हिसाबों की

धुंध जो थी आइने पर छँट गई
ज़िंदगानी जैसे-तैसे कट गई

उसने देखा जब हमारा हौसला
जो थी मुश्किल रास्ते से हट गई

दर्द क़िस्तों में मुझे मिलता रहा
और ख़ुशी सब में बराबर बँट गई

जब बढ़ाये जानिब-ए-मंज़िल क़दम
राह अंगारों से मेरी पट गई

तंगहाली थी कि बस बढ़ती गई
और ज़रूरत भी हमारी घट गई

(44)

बे-क़रारों की बात करते हो
ग़म के मारों की बात करते हो

मैंने छेड़ा था ज़िक्र फूलों का
तुम सितारों की बात करते हो

सब की तक़दीर में नहीं होती
क्यों बहारों की बात करते हो

डूब जाते हैं सब जहाँ आकर
उन किनारों की बात करते हो

खेत सूखे पड़े हैं सावन में
किन नज़ारों की बात करते हो

अजनबी हो नगर में इसलिए तुम
रोज़गारों की बात करते हो

ज़िक्र छेड़ा जो हमने राशन का
तुम क़तारों की बात करते हो

बोझ से हम भी हो गए दोहरे.
तुम सहारों की बात करते हो

(45)

फूल को कैसे ख़ार सोच लिया
मुझको दुश्मन का यार सोच लिया

देख लम्बी क़तार सोच लिया
मिल रहा है उधार सोच लिया

बेगुनाहों को दी सज़ा उसने
मैंने क़िस्मत की मार सोच लिया

धूल पैरों की हूँ मुझे उसने
कैसे फूलों का हार सोच लिया

ख़ाक में तू मिला दे मैंने तो
ख़ुद को मुश्त-ए-ग़ुबार सोच लिया

अब न सोचूँगा बोल कर 'सालिक'
फिर उसे बार-बार सोच लिया

(46)

कितनी सियाह रातों में हम बहा चुके हैं
ये अश्क फिर भी देखो आँखों में आ चुके हैं

अब खिलखिला रहे हैं सब लोग महफ़िलों में
मतलब है साफ़ सारे मातम मना चुके हैं

वो ख़्वाब सुब्ह का था इस बार झूठ निकला
ताबीर के लिए हम नींदें उड़ा चुके हैं

अब पाप का यहाँ पर नाम-ओ-निशाँ नहीं है
सब लोग शह्र के अब गंगा नहा चुके हैं

मजबूरी है ग़रज़ है मायूस हैं तभी तो
बहरों को हाल-ए-दिल हम अपना सुना चुके हैं

हर साल गर्मियों में खोलेंगे वो पियाऊ
जो प्यास सर्दियों में अपनी बुझा चुके हैं

(47)

जब मैं बच्चों से हार जाता हूँ
फिर से जाकर उधार लाता हूँ

घर मेरा देर तक रहे रौशन
इसलिए ख़ुद को मैं जलाता हूँ

मुझसे वो दूर भाग जाता है
जब भी उसके क़रीब आता हूँ

खेल ये तो मिरा पुराना है
आँधियों में दिये जलाता हूँ

रूठ कर दूर बैठ जाती है
जब ख़ुशी को कभी बुलाता हूँ

तेरी क़ुर्बत का ही असर है ये
नूर से तेरे जगमगाता हूँ

आज तक तो मरा नहीं लेकिन
झूठी क़स्में तो रोज़ खाता हूँ

वक़्त ने एक दिन कहा मुझसे
तू पकड़ ले जो हाथ आता हूँ

(48)

आइने अब न तू डरा उसको
पीठ भी तो कभी दिखा उसको

फल खिलाया था जिसने हाथी को
यार बारूद से उड़ा उसको

है बहुत वो पढ़ा-लिखा लेकिन
थोड़ी तालीम भी दिला उसको

मैं जिसे ढूँढ़ता रहा बाहर
अपने अंदर ही पा लिया उसको

वो जो दिखता है सच नहीं होता
ये यक़ीं भी कभी दिला उसको

रोज़ मिलता तो है हजारों से
एक दिन ख़ुद से भी मिला उसको

वो शरारा जो था अदावत का
मैने फ़ौरन मसल दिया उसको

दर्द को चाहिए ठिकाना इक
मेरे घर का पता बता उसको

(49)

किसी से मुझे मात खानी नहीं है
अभी मैंने लड़ने की ठानी नहीं है

उसे तो मैं लेकर रहूँ जो मिरा है
ये हक़ है मेरा मह्रबानी नहीं है

वहीं पर ही क्यों चाहते हो नहाना
जहाँ यार पीने का पानी नहीं है

अभी से मनाने लगे जश्न तुम भी
अभी हार मैंने तो मानी नहीं है

लगी आग जब भी तो मैं ही जलूँगा
कभी आँच तुम तक तो आनी नहीं है

(50)

ये तेरे पाँव का काँटा भी निकल सकता है
तू जो चाहे तो तेरा वक़्त बदल सकता है

अपनी औक़ात भी चींटी से गई-गुज़री है
जब भी चाहेगा वो चुटकी से मसल सकता है

साँप तो साँप है बाँबी कोई ख़ाली न मिले
तो किसी घर में भी आराम से पल सकता है

तिश्नगी उसकी अभी देखी कहाँ है तुमने
एक ही साँस में दरिया भी निगल सकता है

दिन में गर सैर की पाबन्दी लगा दी उसने
चाँदनी रात में छत पर तो टहल सकता है

(51)

सुन रहे हैं कि वो इक ऐसी दवाई देगा
जिससे अंधे को भी रातों में दिखाई देगा

प्यार से उसने बुलाया है मुझे मक़्तल में
जानता हूँ मैं जो दावत में क़साई देगा

ऐसे चिल्लाओ कि आवाज़ वहाँ तक जाए
एक दिन तो सभी बहरों को सुनाई देगा

पास रहता हूँ तो मुँह फेर के चल देता है
दूर जाऊँगा तो आने की दुहाई देगा

क़ैदख़ाने में उसी ने ही रखा सालों तक
जिसने उम्मीद जताई थी रिहाई देगा

घुप अँधेरे से किसी रोज़ निकल आयेंगे
हाथ को हाथ हमें जब भी सुझाई देगा

(52)

आज आँखें नम हुईं तो क्या हुआ
रो न पाए हम कभी अर्सा हुआ

आपबीती क्या सुनाऊँगा उसे
आज भी तो है गला बैठा हुआ

ढूँढ़ता हूँ इक सितारे को यहाँ
दूर तक है आसमाँ फैला हुआ

क्यों क़रीने से रखें सामान को
घर को रहने दीजिए बिखरा हुआ

नींद पलकों पर कहीं ठहरी हुई
ख़्वाब आँखों में वहीं सहमा हुआ

जी रहा हूँ बस इसी उम्मीद से
लौट आएगा समय बीता हुआ

हादसे ऐसे भी तो होते रहे
जो नहीं बोया वही पैदा हुआ

(53)

बेच कर ज़मीर उसको फ़ायदा हुआ होगा
ज़िंदगी में फिर उसके जाने क्या हुआ होगा

क़त्ल तो यक़ीनन था पर बयान आया है
फिर बहस छिड़ी है कि हादसा हुआ होगा

बदहवास पत्ते फिर ज़र्द पड़ गये सारे
कल ख़िज़ाँ के मौसम पर फैसला हुआ होगा

रौशनी में जंगल भी जगमगा रहा होगा
चाँद पेड़ की टहनी पर टंगा हुआ होगा

बोझ से माँ तसले के दोहरी हुई होगी
पीठ पर कोई बच्चा भी बँधा हुआ होगा

कल तूफान का रूख़ तो बस्तियों की जानिब था
अब गली के नुक्कड़ पर ही रुका हुआ होगा

साथ-साथ न थे पर दूर भी नहीं थे हम
और पास आने से फ़ासला हुआ होगा

(54)

नया ज़माना कभी न आया पुरानी दुनिया बदल रही है
ज़मीन पैरों तले थी कल तक न जाने कैसे फिसल रही है

बुझा न पायेंगी आँधियाँ भी हवाओं से जिस की दोस्ती है
अभी तो ज्योति जवाँ हुई है अभी धड़ल्ले से जल रही है

किसी के अरमाँ मचल रहे हैं हुई किसी की मुराद पूरी
यहाँ उठी है किसी की डोली वहाँ से अरथी निकल रही है

निकल रहा है किसी का सूरज अभी हुई दोपहर किसी की
हमारे दिन तो गुज़र चुके हैं हमारी अब शाम ढल रही है

बुझाने वाले बहुत हैं लेकिन जलाने वाले नहीं मिलेंगे
करो हिफ़ाज़त दिये की अपने हवा भी अब तेज़ चल रही है

इन्होंने ही कल बनाई सड़कें जिन्होंने मोटर भी है बनाई
जो लारियों से है बच के आया उसे ही सड़कें कुचल रही है

सुकून मिलता है देख मुझको जवाँ दिलों के ये ख़ूँ की गर्मी
जमी है सर्दी हमारे सीने में धीरे - धीरे पिघल रही है

(55)

तिजारत कैसे की जाए हुआ है फैसला जब से
बड़ी किल्लत है पानी की लहू सस्ता हुआ जब से

मशीनें अब यहाँ पर और महँगी क्यों नहीं होंगी
वतन में मुफ़्त ही इंसान भी मिलने लगा जब से

हमारा शह्र छोटा था मगर मिलता नहीं था वो
हमें अक्सर बुलाता है नयी दिल्ली गया जब से

समय के साथ कम होगी यही हम सोच बैठे थे
ये दूरी कम नहीं होती मिटा है .फासला जब से

नयी शक्लें दिखाता था कभी जब सामने आया
नहीं जाता है कमरे में रखा है आइना जब से

सड़क उसने बनाई है मगर चलने नहीं देता
बहुत वीरान है रस्ता चला है क़ाफ़िला जब से

बयाँ करना भी मुश्किल है अभी हालात ऐसे हैं
मैं सांसें ले नहीं सकता हुई ताज़ा हवा जब से

(56)

हम सुनाते दास्ताँ फिर ज़िन्दगी की
काश हम भी काटते फसलें ख़ुशी की

अब चुरा लो शम्स की भी धूप सारी अब चुरा लो
कोई तो बदलो ये सूरत तीरगी की

जानवर अब हैं ज़ियादा जंगलों में
नस्ल घटती जा रही है आदमी की

हैं अँधेरे घर में अपने क़ैद सारे
कौन खींचेगा लकीरें रौशनी की

जो भी हो सागर मिलेगा तिश्नगी को
बाढ़ ले जाये हमें अब तो नदी की

आँखें फट जाएँगी हैरत से तुम्हारी
हद अभी देखी नहीं दीवानगी की

(57)

अंधी गली के मोड़ पे सूना मकान है
तन्हा-सा आदमी अब इस घर की शान है

हमसे उन्होंने आज तलक कुछ नहीं कहा
हर बार उससे पूछा है जो बेज़बान है

हालात-ए- माज़ूर यक़ीनन हुये बुरे
ऊपर चढ़ाई है वहीं नीचे ढलान है

बदक़िस्मती का ये भी नमूना तो देखिये
गड्ढे नहीं मिले थे जहाँ पर खदान है

मरने के बाद भी तो फ़राग़त नहीं मिली
सारे बदन पे बोझ है मिट्टी लदान है

(58)

नहीं था इतना भी सस्ता कभी मैं
बशर हूँ था बहुत मँहगा कभी मैं

अभी जिसने रखा है घर से बाहर
उसी के दिल में रहता था कभी मैं

जिसे कहते हो तुम भी झोपड़ी अब
मिरा घर है वहीं पर था कभी मैं

वहाँ पर क़ैद कर रक्खा है उसने
जहाँ देता रहा पहरा कभी मैं

सड़क पर क़ाफिला है साथ मेरे
नहीं इतना रहा तन्हा कभी मैं

मुझे भी तुम अगर तिनका बनाते
हवा के साथ उड़ जाता कभी मैं

बनाया है मुझे सागर उसी ने
हुआ करता था इक सहरा कभी मैं

मैं जैसा हूँ सदा वैसा रहूँगा
न बन पाया तिरे जैसा कभी मैं

(59)

शह्र में फिर बवाल है बाबा
ये नया द्रोहकाल है बाबा

एक तालाब अब नहीं दिखता
क्या यही नैनीताल है बाबा

क्या इसे ही उरूज़ कहते हैं
अस्ल में ये ज़वाल है बाबा

भूख हर रोज़ पूछ लेती है
रोटियों का सवाल है बाबा

आँख इतना बरस चुकी अब तो
आँसुओं का अकाल है बाबा

मैं अकेला ही लड़ पड़ा सबसे
देखकर वो निढाल है बाबा

क़ब्र के वास्ते जगह न रही
फावड़ा है कुदाल है बाबा

(60)

दूर की रौशनी से क्या कहते
था अँधेरा किसी से क्या कहते

जगमगाती सियाह रातों में
दर्द की चाँदनी से क्या कहते

सारा पानी किसी ने रोका था
बेवजह हम नदी से क्या कहते

सामने उसके गिड़गिड़ाए थे
उसके खाता-बही से क्या कहते

अब वो हैवान बन गया तो फिर
हम उसी आदमी से क्या कहते

पी गए खूँ भी लोग सहरा में
आलम-ए-तिश्नगी से क्या कहते

तेरी गलियाँ तुझे मुबारक हो
और हम बेरुख़ी से क्या कहते

(61)

कितनी सियाह रातों में हम बहा चुके हैं
ये अश्क फिर भी देखो आँखों में आ चुके हैं

गर आके देख लो तो गड्ढे भी न मिलेंगे
हाँ लोग काग़ज़ों पर नहरें बना चुके हैं

अब खिलखिला रहे हैं सब लोग महफ़िलों में
मतलब है साफ सारे मातम मना चुके हैं

वो ख़्वाब सुब्ह का था इस बार झूठ निकला
ताबीर के लिए हम नींदें उड़ा चुके हैं

अब पाप का यहाँ पर नाम-ओ-निशाँ नहीं है
सब लोग शह्र के अब गंगा नहा चुके हैं

मजबूरी है ग़रज़ है मायूस हैं तभी तो
बहरों को हाल-ए-दिल हम अपना सुना चुके हैं

हर साल गर्मियों में वो खोलेंगे पियाऊ
जो प्यास सर्दियों में अपनी बुझा चुके हैं

(62)

अभी जो है वही सच है तेरे मेरे फ़साने में
अबद तक कौन रहता है सलामत इस ज़माने में

तड़पता देख कर मुझको सड़क पर वो नहीं रुकता
कहीं झुकना न पड़ जाए उसे मुझको उठाने में

गले का दर्द सुनते हैं वो पल में ठीक करता है
महारत भी जिसे हासिल है आवाज़ें दबाने में

किसी दिन टूट जाएँगी ये चट्टानें खड़ी हैं जो
लगेगा वक़्त शीशे को हमें पत्थर बनाने में

अजब महबूब है मेरा जो पल में रूठ जाता है
महीने बीत जाते हैं मुझे उसको मनाने में

वहाँ आवाज़ में लर्ज़िश बदन भी काँपता है याँ
उधर दहशत इधर भी ख़ौफ़ है नज़्दीक आने में

(63)

ज़िंदगी में तेरी हम शामिल नहीं
तूने समझा हमको इस क़ाबिल नहीं

जान मेरी कैसे ले सकता है वो
दोस्त है मेरा कोई क़ातिल नहीं

सारी तैयारी तो मैंने की मगर
जश्न में ख़ुद मैं ही अब शामिल नहीं

हमको जिस पर था किनारे का गुमाँ
वो भँवर था दोस्तो साहिल नहीं

सोच कर हैरत ज़दा हूँ दोस्तो
साँप तो दिखते हैं लेकिन बिल नहीं

देखने में है तो मेरे यार-सा
उसके होंठों के किनारे तिल नहीं

तुम यहीं पर बैठ कर ख़ुश हो रहे
मील का पत्थर है ये मंज़िल नहीं

(64)

जाना है एक दिन न मगर फ़िक्र कर अभी
हँस खेल मुस्कुरा तू क़ज़ा से न डर अभी

आयेंगे अच्छे दिन भी कभी तो हयात में
मर-मर के जी रहे हैं यहाँ क्यूँ बशर अभी

हम वो नहीं हुज़ूर जो डर जाएँ चोट से
हमने तो ओखली में दिया ख़ुद ही सर अभी

सच बोलने की उसको सज़ा मिल ही जाएगी
उस पर गड़ी हुई है सभी की नज़र अभी

हँस लूँ या मुस्कुराऊँ लगाऊँ मैं क़हक़हे
ग़लती से आ गई है ख़ुशी मेरे घर अभी

मंज़िल बुला रही है मुझे कब से दोस्तो
है मेरे इंतिज़ार में सूनी डगर अभी

क्यों चहचहा रही हैं परिंदों की टोलियाँ
सूरज है सर पे देख हुई दोपहर अभी

(65)

उकता गया हूँ इनसे मेरे यार कम करो
ख़ालिस की है तलब ये अदाकार कम करो

आगे जो सबसे है वो ये आदेश दे रहा
आराम से चलो सभी रफ़्तार कम करो

वो हमसे कह रहे हैं कि मसनद बड़ी बने
हम उनसे कह रहे हैं कि आकार कम करो

जो मेरे दुश्मनों को गले से लगा रहा
मुझसे कहा कि दोस्तों से प्यार कम करो

अपने घरों में क़ैद हैं हर रोज़ छुट्टियाँ
किससे कहें कि अब तो ये इतवार कम करो

बाज़ार में तो सुस्ती-सी छाई है इन दिनों
फ़रमान है कि आज से व्यापार कम करो

लेती नहीं हैं नाम ये कम होने का कभी
अपनी ज़रूरतों का ही अंबार कम करो

(66)

हद में कभी थे हद से गुज़रना पड़ा हमें
कई बार जीने के लिए मरना पड़ा हमें

शेरों की माँद में भी कभी बेहिचक गए
दौर-ए-रवाँ में चूहों से डरना पड़ा हमें

आकर समेटता है हमें वो ही बारहा
हर बार टूटते ही बिखरना पड़ा हमें

आए नहीं वो कल भी तो हर बार की तरह
वादे से अपने आज मुकरना पड़ा हमें

मंज़िल भी होती पाँव के नीचे मगर सुनो
उसके लिए रस्ते में ठहरना पड़ा हमें

होते कहीं पे हम भी परीलोक में मगर
ख़्वाबों के पंख फिर से कतरना पड़ा हमें

(67)

सोचता हूँ आज तक ग़ज़लों से क्या हासिल हुआ
पहले से बीमार था दिल दर्द भी शामिल हुआ

जब तलक घुटनों के बल चलता रहा था ख़ुश बहुत
आ पड़ा ग़म सर पे जब से दौड़ के क़ाबिल हुआ

ज़िंदगी में तुम नहीं थे इक अधूरापन-सा था
जब से आए हो ये लगता है कि मैं कामिल हुआ

चलते-चलते लोग कहते हैं सफ़र आसान है
ज़िंदगानी में सरकना भी बहुत मुश्किल हुआ

वो शरीक-ए-ग़म है अब मैं क्या कहूँ तारीफ़ में
चोट लगती है मुझे वो जब कभी घाइल हुआ

जब कभी आया है सुख भी घर की चौखट पर मेरे
चोरी-चोरी दुख भी 'सालिक' चुपके से दाख़िल हुआ

(68)

गली से जाते हुए पैरों के निशान मिले
कहीं पे उजड़े हुए-से कई मकान मिले

ये अपने-अपने मुक़द्दर की बात है भाई
मुझे ज़मीं न मिली तुमको आसमान मिले

किसी ज़माने में उनके बहुत क़रीब थे हम
अभी तो फ़ासले ही सिर्फ़ दरमियान मिले

इसे भी बेचने आए थे लोग मण्डी में
कहीं पे दीन मिला और कुछ ईमान मिले

मैं चढ़ के आ तो गया हूँ ऊँचाई पर लेकिन
मुझे भी ज़ीस्त में छोटी-सी इक ढलान मिले

क़बा के नाम पे चीथड़े थे जिस्म पर कल तक
बदन पे उसके कई रेशमों के थान मिले

मैं चल सका न बहुत दूर थक गया 'सालिक'
क़दम-क़दम पे मगर रोज़ इम्तिहान मिले

(69)

यहाँ तनहाइयों में क्या रखा है
चलो भी गाँव में मेला लगा है

तुझे मैं आज पढ़ना चाहता हूँ
मिरी तक़दीर में अब क्या लिखा है

किनारे पर भी आकर डूब जाओ
नदी है नाख़ुदा तो बह चुका है

निकलना चाहता है मुझसे आगे
मिरा साया मिरे पीछे पड़ा है

ज़रा आगे चलूँ या लौट जाऊँ
गली के मोड़ पर फिर मयकदा है

उसी पर मर रहे हैं लोग सारे
जो अपने आप पर कब से फ़िदा है

सितारों चैन से सोने मुझे दो
फ़लक पर आज भी क्या रतजगा है

उसे ही ढूँढ़ती हैं मंज़िलें भी
मुसाफ़िर जो कहीं भटका हुआ है

(70)

उनके ख़्वाबों पे ख़यालात पे रोना आया
अब तो मत पूछिए किस बात पे रोना आया

देखता कौन भरी आँखों को बरसातों में
फिर से आई हुई बरसात पे रोना आया

आप चाहें तो जो दो दिन में सुधर सकते हैं
उन बिगड़ते हुए हालात पे रोना आया

मुद्दतों जिनके जवाबात को तरसा हूँ मैं
आज कुछ ऐसे सवालात पे रोना आया

मुझको मालूम था अंजाम यही होना है
जीत रोने से हुई मात पे रोना आया

दिन सिसकते हुए गुज़रा है बड़ी मुश्किल से
अब सुबकती हुई इस रात पे रोना आया

काश दुनिया में सभी लोग बराबर होते
आज फिर ऐसे ही जज़्बात पे रोना आया

आगे आती थी हँसी वस्ल की बातों पे मगर
आज क्यों ज़िक्र-ए-मुलाक़ात पे रोना आया

लम्स जिसका था मुझे जान से प्यारा 'सालिक'
उसी मेहँदी से सजे हाथ पे रोना आया

(71)

लोग घर के हों या कि बाहर के
प्यार करिएगा उनसे जी भर के

जाने क्या कह दिया है क़तरे ने
हौसले पस्त हैं समंदर के

जिस्म पर जब कोई निशाँ ही नहीं
कौन देखेगा ज़ख़्म अंदर के

दोस्ती उन से कर ली दरिया ने
जो थे दुश्मन कभी समंदर के

एक शीशे से ख़ौफ़ खाते हैं
लोग जो लग रहे थे पत्थर के

एक बस माँ को बाँट पाए नहीं
घर के टुकड़े हुए बराबर के

गरचे हर घर की है कहानी ये
सिर्फ़ चर्चे हुए मिरे घर के

यूँ तो पाबंदियाँ है उड़ने पर
पर निकल आए हैं कबूतर के

(72)

रस्ते की बात है न ये रहबर की बात है
पा लेना मंज़िलों को मुक़द्दर की बात है

ये बोरिया की है मिरे बिस्तर की बात है
फूलों की सेज मिलना मुक़द्दर की बात है

उस वाक़िआ का ज़िक्र मुनासिब नहीं यहाँ
चल घर पे चलके बात करें घर की बात है

कब कौन किसके शाने पे चढ़ जाए क्या पता
ऊपर पहुँचना भी तो सुअवसर की बात है

सब की क़लम से एक ही क़िस्सा निकलता था
आज़ादी छिन गई थी पिछत्तर की बात है

बरसात मॉनसून की जिसको उड़ा गई
वो तेरी छत नहीं मेरे छप्पर की बात है

हाकिम ने दे दी आज इजाज़त कि काट दो
दरअस्ल वो जनाब मिरे सर की बात है

(73)

जिसको हम ग़ैर समझते थे हमारा निकला
उससे रिश्ता तो कई साल पुराना निकला

हम भी हरचंद गुनहगार नहीं थे लेकिन
बे-क़ुसूरों में फ़क़त नाम तुम्हारा निकला

हम जिसे क़ैद समझते थे बदन में अपने
वक़्त आया तो वो आज़ाद परिंदा निकला

जान पर खेल के जाँ मेरी बचाई उसने
मैं जिसे समझा था क़ातिल वो मसीहा निकला

दोस्तो जान छिड़कता था जो कल तक मुझ पर
आज वो शख़्स मेरे ख़ून का प्यासा निकला

वक़्त के साथ बड़ा होगा यही सोचा था
दिल मगर आज भी बच्चे के ही जैसा निकला

मैं कहाँ जाके करूँ उसकी शिकायत 'सालिक'
मैं जिसे अपना समझता था पराया निकला

(74)

हर सम्त अँधेरा है इसे दूर भगाओ
है कोई मुनव्वर तो मिरे सामने आओ

क़ातिल हो तो क़ातिल की तरह पेश भी आओ
घायल हूँ मिरे ज़ख़्म पे मरहम न लगाओ

कोई न उठाएगा यहाँ बोझ तुम्हारा
शानों को ज़रा और भी मज़बूत बनाओ

कश्ती को सँभालो न रहो चूर नशे में
गर डूबना है डूबो हमें तो न डुबाओ

काँटों की तो तासीर है वो चुभते रहेंगे
तुम फूल हो ख़ुशबू की तरह फैलते जाओ

ऐसे भी वो करता है सर-ए-आम फ़ज़ीहत
पर काट के कहता है मुझे उड़ के दिखाओ

मुमकिन तो न था फिर भी तुम्हें दे दी मुआफ़ी
अब छूट है तुमको नया इल्ज़ाम लगाओ

'सालिक' तो चला जाएगा दुनिया से किसी दिन
आएगा नहीं लौट के कितना भी बुलाओ

(75)

नहीं आया फिर वो बुला कर मुझे
मज़ा ले रहा है सता कर मुझे

अगर मेरे अंदर समाया है तू
कभी आइने में दिखा कर मुझे

हमेशा मिला है तू रोते हुए
मिला कर कभी मुस्कुरा कर मुझे

सदा बस मुझे हुक्म देता है क्यूँ
सलाह मशवरा भी दिया कर मुझे

है डर कुर्सियों के नगर में यही
न वो बैठ जाए उठा कर मुझे

धड़कता हूँ मैं शोर करता नहीं
मैं दिल हूँ तेरा ही सुना कर मुझे

बुरे वक़्त में तेरे काम आऊँगा
कभी देखना आज़मा कर मुझे

उठा कंधों पे थे सभी चल रहे
कहाँ चल दिए अब दबा कर मुझे

(76)

सबकी बिगड़ी हुई तक़दीर बनाने आए
कोई उजड़ी हुई बस्ती को बसाने आए

दो घड़ी हँसने की चाहत थी हमें भी लेकिन
दोस्त जो भी यहाँ आए वो रुलाने आए

यार ऐवानों के शीशे तो हैं साबित देखो
कौन कहता है यहाँ रात दिवाने आए

रेत पर लिक्खी इबारत न मिटा पाए जो
आज पत्थर के वही नक़्श मिटाने आए

सुब्ह आएगी ज़रूर आएगी सब कहते हैं
लोग अंधों को नये ख़्वाब दिखाने आए

अपने पैरों की मुझे ख़ाक समझते थे जो
क्यों दुपट्टे की तरह दिल से लगाने आए

दम प'शुहरत के जो उड़ते थे हवा में कल तक
क्या हुआ आज कि धरती में समाने आए

कल तलक मैं भी समझता था लड़े मेरे लिए
आज लगता है वो हम सब को लड़ाने आए

(77)

जिसको हम ग़ैर समझते थे हमारा निकला
उससे रिश्ता तो कई साल पुराना निकला

हम भी हरचंद गुनहगार नहीं थे लेकिन
बे-क़ुसूरों में फ़क़त नाम तुम्हारा निकला

हम जिसे क़ैद समझते थे बदन में अपने
वक़्त आया तो वो आज़ाद परिंदा निकला

जान पर खेल के जाँ मेरी बचाई उसने
मैं जिसे समझा था क़ातिल वो मसीहा निकला

दोस्तो जान छिड़कता था जो कल तक मुझ पर
आज वो शख़्स मेरे ख़ून का प्यासा निकला

मैं कहाँ जाके करूँ उसकी शिकायत 'सालिक'
मैं जिसे अपना समझता था पराया निकला

(78)

नहीं है दूर तक कोई तो डर जाने से क्या होगा
अकेलेपन से घबराकर सिहर जाने से क्या होगा

समेटो ख़ुद को माला में जुड़े रहने में ताक़त है
नहीं तुम जानते यारो बिखर जाने से क्या होगा

छलकना भी नहीं आता मिरी आँखों के दरिया को
बिना कारण ही आए दिन यूँ भर जाने से क्या होगा

उसे आदत ही तन्हा रहने की जब पड़ गई है तो
बताओ दोस्तो फिर उसके घर जाने से क्या होगा

यही मैं सोचता रहता हूँ अक्सर ज़िन्दगानी में
न जीते जी हुआ कुछ भी तो मर जाने से क्या होगा

तिरी आँखों की गहराई का अंदाजा नहीं लेकिन
उतर कर देख लेते हैं उतर जाने से क्या होगा

अभी हद में हैं तो उसने मेरी पगड़ी उतारी है
कभी ये सोचिए हद से गुज़र जाने से क्या होगा

बिगड़ने में तो ख़ासा लुत्फ़ आता है मगर 'सालिक'
हमें तुम इतना बतला दो सुधर जाने से क्या होगा

(79)

आज हालात कैसे भी हों उनको तो बस यही चाहिए
ग़म हैं जितने मिलें ग़ैर को उनको तो बस ख़ुशी चाहिए

आदमी की है सीरत बुरी एक जुगनू अगर मिल गया
उसकी ख़्वाहिश तो होगी यही इक अदद चाँद भी चाहिए

तिश्नगी ने मियाँ धूप में इतना लाग़िर हमें कर दिया
चुल्लू भर हमको पानी नहीं एक पूरी नदी चाहिए

रोज़ मामूल उनका यही कोई समझाए कैसे उन्हें
दूध लाकर तो देते नहीं शाम को पर दही चाहिए

बाद मुद्दत वो आये हैं क्यों अब मुझे देखने दोस्तो
है अयादत बहाना उन्हें जान शायद मेरी चाहिए

शम्स का मैं भला क्या करूँ महलों में ही जगह दो इसे
अपनी इस झोपड़ी के लिए थोड़ी-सी रौशनी चाहिए

जितनी भी सड़कें हैं शह्र की आप ही के लिए तो बनी
ये नहीं है मिरे वास्ते मुझको बस इक गली चाहिए

(८०)

बता के जाता नहीं कभी तू करूँ तेरा इंतिज़ार कब तक
ये बेक़रारी तुझे भी है तो मुझे मिलेगा क़रार कब तक

कभी हमें मिल गई दिहाड़ी कभी हैं फ़ाक़ों में दिन गुज़रते
हमारे मालिक हमें बता दे कि लेके खाएँ उधार कब तक

बुरा कभी वक़्त आ गया तो तुम्हें भी आना पड़ेगा नीचे
हवा के घोड़े प'ये बता दो रहोगे आखिर सवार कब तक

बहुत है रिश्ते की डोर नाज़ुक इसे हमेशा सँभाल रखना
जो खींचा-तानी करोगे यारो जुड़े रहेंगे ये तार कब तक

बहुत है मंदी मगर मिली है ये नौकरी पर पता नहीं है
महीने गुज़रे मगर न जाने मिलेगी हमको पगार कब तक

(81)

सब की आँखों में ख़्वाब होता है
बरपा तब इन्क़िलाब होता है

लोग कुछ पूछते नहीं उनसे
जिनके लब पर जवाब होता है

सोच लो फिर करो अमल उस पर
सबका इक दिन हिसाब होता है

ख़ुद कभी आइने में पढ़ लेना
अपना चेह्रा किताब होता है

डूब जाती हैं कश्तियाँ तट पर
जब मुक़द्दर ख़राब होता है

साथ रहते हैं उनके काँटे भी
पास जिनके गुलाब होता है

हमको आता नहीं नज़र लेकिन
सबके रुख़ पर नक़ाब होता है

(82)

ख़त्म हो भी जाएँ गर ये ज़ीस्त में कठिनाइयाँ
चैन से जीने नहीं देंगी तेरी अँगड़ाइयाँ

ये जुदाई आरज़ी है यार इतना जान ले
जिस्म से क्या दूर होती हैं कभी परछाइयाँ

एक ही सिक्के के दो पहलू हैं ये ग़म और ख़ुशी
है कहीं मातम कहीं बजने लगी शहनाइयाँ

हिज्र में तेरे मेरी हालत है क्या बस ये समझ
जान लेने पर तुली हैं आजकल तनहाइयाँ

जब इधर सड़कें बनीं तो पेड़ सारे कट गए
गाँव में भी आजकल दिखती नहीं अमराइयाँ

नफ़रतों का हाल ये है आज अपने देश में
पाटने से और बढ़ती जा रही हैं खाइयाँ

रुक नहीं सकतीं कभी इक दिन ये बाहर आएँगी
झूठ के पर्दे में छुप सकती नहीं सच्चाइयाँ

दोस्तों ने मौत पर मेरी बस इतना ही कहा
था बुरा 'सालिक' मगर उसमें थीं कुछ अच्छाइयाँ

(83)

सब मिल के ग़म-ए-दह्र का शिकवा करें रब से
क्यों छीनता है छोटी-सी ख़ुशियाँ भी वो सब से

घनघोर अँधेरों की बदौलत ही अज़ीज़ो
यूँ लूट रहे हैं ये उजाले हमें कब से

जिस रोज़ से देखा तुझे हँसते हुए सोचा
थोड़ी-सी हँसी मैं भी चुरा लूँ तिरे लब से

हम जाग उठे फिर भी रहीं बंद ये आँखें
वो ख़्वाब सुहाना-सा दिखा है हमें जब से

साक़ी तेरे मयख़ाने का दस्तूर निराला
मयख़्वार भी अब होश में आते हैं अदब से

ये जब से सुना है कि वो आएगा ही 'सालिक'
रस्ते में खड़ा देख रहा हूँ उसे तब से

(84)

यही सोच कर मुझको हैरत हुई
मुझे आपसे क्यों मुहब्बत हुई

पहुँच से बहुत दूर होते गए
हमें जब तुम्हारी ज़रूरत हुई

कई बार तोड़ा गया दिल मिरा
कई बार इसकी मरम्मत हुई

कभी रुठना मान जाना कभी
यही तो किया जब तबीअत हुई

न घर का रहा और न मैं घाट का
तुम्हारी बदौलत ये हालत हुई

शिकम के लिए रोटियाँ माँगना
ये उनकी नज़र में बग़ावत हुई

मुझे ही मनाना पड़ा है उसे
मुझे जब भी उससे शिकायत हुई

कभी घर में ही लुट गईं लड़कियाँ
न बाहर ही उनकी हिफ़ाज़त हुई

(85)

आज तो जागने की बारी है
यानी ये सारी शब हमारी है

बोझ बन कर ये हम पे तारी है
आज की रात कितनी भारी है

छुप के पीने दो मयकशों उसको
वो किसी दैर का पुजारी है

कल मेरा हक़ किसी ने छीना था
आज भी सिलसिला वो जारी है

बस ख़ुशी पे रहा न हक़ मेरा
ये तो मेरी नहीं तुम्हारी है

बेख़ुदी सर पे चढ़ गई फिर से
कल ही मुश्किल से तो उतारी है

नाचता बंदरों के कहने पर
ये नये दौर का मदारी है

देखता होगा ख़्वाब वो कल शब
हमने तो जाग कर गुज़ारी है

(86)

सहमे हुए बैठे हैं तलबगार कहीं पर
होते हैं कहीं लगता है दरबार कहीं पर

ये किसने किया है मुझे मशहूर जहाँ में
नम्बर तो मिरे पास है आधार कहीं पर

बाज़ार की हालत जो रही ऐसी ही इक दिन
बिक जाएगा सस्ते में ख़रीदार कहीं पर

हर बार भटक जाती है क्यों मेरी कहानी
रस्ते में ही खो जाते हैं किरदार कहीं पर

लगती है जहाँ आज भी इंसानों की बोली
सुनते हैं कि ऐसा भी है बाज़ार कहीं पर

आसानी से कट जाए सफ़र हो नहीं सकता
मुश्किल भी खड़ी होगी ही तय्यार कहीं पर

हर बार हमें चोट लगी दब गए हम तुम
गिर जाती है बन जाती है सरकार कहीं पर

हक़ छीन लिया जाता है हर बार मेरा क्यों
भाई हैं भतीजे भी हैं हक़दार कहीं पर

(87)

फ़लक पर है धुआँ बादल नहीं है
ज़मीं पर भी कोई हलचल नहीं है

न अच्छी बू न साँपों का बसेरा
शजर है बेर का संदल नहीं है

अकड़ कर मर न जाएँ सर्दियों में
जुलाहों के ही घर कम्बल नहीं है

सभी क्या हादसे में चल बसे हैं
सड़क पर एक भी घायल नहीं है

नज़र आता नहीं लेकिन वो यारो
हमारी आँख से ओझल नहीं है

चुरा कर ले गया है कौन देखो
किसी भी आँख में काजल नहीं है

महीने-साल हैं ग़ैरों की ख़ातिर
हमारे वास्ते इक पल नहीं है

न साया था पिता का अब तो सर पर
मेरे ममता का भी आँचल नहीं है

(४४)

यारो जो कल तलक था मैं आज भी वही हूँ
ख़ुद को बदल न पाया ये सोच कर दुखी हूँ

बहुरूपिया नहीं हूँ जो चाहे मुझको कह लो
बाहर जो दिख रहा है अंदर भी मैं वही हूँ

बाज़ार महफ़िलों में होती है बह्स मुझ पर
कुछ हो न पाया जिसका वो आम आदमी हूँ

वादा किया है तुमने लौट आओगे किसी दिन
इस आस में यहीं पर मौजूद आज भी हूँ

जब तक वजूद है मैं जी खोल कर तो बह लूँ
बन जाऊँगा समंदर फ़िलहाल तो नदी हूँ

(८९)

हर कोई मुझसे ही क्यों आगे निकलना चाहे
कोई तो हो जो मेरे साथ भी चलना चाहे

ग़म भी बच्चों की तरह उँगली पकड़ लेता है
जब चलूँ मैं तो मेरे साथ ही चलना चाहे

सख़्त मुश्किल है इसे रोकूँ तो कैसे रोकूँ
एक सैलाब जो आँखों से निकलना चाहे

ऐसे इंसान की ताज़ीम तो कीजे साहिब
आबला-पा है मगर आग पे चलना चाहे

मेरी ख़्वाहिश है कि मैं कस के पकड़ लूँ लेकिन
वक़्त मुट्ठी से मेरी यार फिसलना चाहे

मैं भी तब बर्फ़ की चट्टान-सा बन जाऊँगा
जब वो ग़ुस्से में हो और आग उगलना चाहे

(90)

उजड़ा-सा इक मकाँ है तन्हा-सा इक मकीं है
आएँगे लौट कर सब इसका उसे यक़ीं है

सब कुछ तो इस तरफ़ है उस पार कुछ नहीं है
दोज़ख़ के साथ यारो जन्नत भी तो यहीं है

दरपेश हैं मसाइल कुछ ज़िंदगी के उसको
ऐसा नहीं तुम्हारी अब जुस्तुजू नहीं है

इक दिन बनाएँगे हम यारो महल हवा में
फ़िलहाल तो हमारे पैरों तले ज़मीं है

ऐसे ही अब गुज़रती है जिंदगी हमारी
हर सुब्ह मैं कहीं हूँ हर शाम तू कहीं है

वो सब से कह रहा है आगे निकल चुका है
कल आदमी जहाँ था वो आज भी वहीं है

दादी को दिन में भी अब दिखता नहीं ज़ियादा
मैं सामने हूँ उसके वो ढूँढ़ती कहीं है

(91)

तेरा ख़याल मैं दिल से लगा के बैठ सकूँ
कहाँ ये मुफ़्त की दौलत छुपा के बैठ सकूँ

फ़लक तुम्हारे नगर में बहुत ही नीचे है
जगह बताओ जहाँ सर उठा के बैठ सकूँ

मैं सोचता हूँ कि खाई पे नफ़रतों की अब
कहीं तो प्यार का इक पुल बना के बैठ सकूँ

ये कैसा दौर है मजबूरियों का अब तुमसे
न दूर जाऊँ न मैं पास आ के बैठ सकूँ

न तुझमें चाह कि काँटों पे चलके आन मिले
न मुझमें ताब कि पलकें बिछा के बैठ सकूँ

लगी है भीड़ रक़ीबों की तेरी महफ़िल में
जगह बता दो जहाँ मैं भी आ के बैठ सकूँ

मेरा मख़ौल उड़ाते हैं जो सर-ए-महफ़िल
मैं क्या करूँ कि उन्हें भी रूला के बैठ सकूँ

न देखने की लगाई है शर्त जो उसने
मुझे भी ज़िद है कि नज़रें गड़ा के बैठ सकूँ

(92)

बस्ती में जो उजड़े हुए ये घर नहीं होते
तफ़रीह को इस शह्र में खण्डर नहीं होते

उड़ते हुए देखा इसे आकाश में हमने
फिर कैसे कहें झूठ के हम पर नहीं होते

हो जाते खड़े शीशमहल कितने ही अब तक
हाथों में अगर आपके पत्थर नहीं होते

अब अपनी ही औलाद हमें बाँट रही है
माँ-बाप के टुकड़े तो बराबर नहीं होते

कल रात कोई रोया है पौधों से लिपट कर
गुल सुब्ह तो शबनम से यूँ ही तर नहीं होते

मरते हैं किनारे पे कई लोग यक़ीनन
हर प्यास की तक़दीर में सागर नहीं होते

होती नहीं सीधी ये कमर बोझ से ग़म के
झुक जाते हैं जो लोग वो कायर नहीं होते

(93)

नाम रब का हो हर इक नाम से पहले पहले
लब प' कुछ भी न हो इस नाम से पहले पहले

मुझसे मिलने की तमन्ना हो तेरे दिल में अगर
मैं पहुँच जाऊँगा पैगाम से पहले पहले

अब सुना है कि बड़ा नाम है उनका यारो
साथ रहते थे जो गुमनाम से पहले पहले

अब तो कुछ याद नहीं है कि मेरे साक़ी ने
क्या पिलाया था मुझे जाम से पहले पहले

मेरा मामूल यही है कि चराग़ों की तरह
मैं ही जल जाता हूँ अब शाम से पहले पहले

मैं हवा हूँ तू मुझे क़ैद नहीं कर सकता
तूने सोचा नहीं ये दाम से पहले पहले

(94)

बिछड़े हुए बच्चों से जब बात हुई होगी
तब माँ की भी आँखों से बरसात हुई होगी

ऐसे ही नहीं कोई पंखे से लटकता है
दिल टूट गया होगा कुछ बात हुई होगी

मैं अपने उजालों को क़ुर्बान करूँ किस पर
वो होगा अँधेरे में जब रात हुई होगी

हैं जेल में क़ैदी वो दुनिया की निगाहों में
ख़िदमत तो वहाँ उनकी दिन-रात हुई होगी

जूठन थी बची जितनी ख़ैरात में बाँटी है
भूखों के लिए लेकिन सौग़ात हुई होगी

जितने भी घराती थे सब साथ खड़े होंगे
थाने से रिहा जब भी बारात हुई होगी

जिसको न ज़रूरत है न उसने कभी माँगा
उस पर ही इनायत की इफ़रात हुई होगी

(95)

फूल को कैसे ख़ार सोच लिया
मुझको दुश्मन का यार सोच लिया

देख लम्बी क़तार सोच लिया
मिल रहा है उधार सोच लिया

बेगुनाहों को दी सज़ा उसने
मैंने क़िस्मत की मार सोच लिया

धूल पैरों की हूँ मुझे उसने
कैसे फूलों का हार सोच लिया

ख़ाक में तू मिला दे मैंने तो
ख़ुद को मुश्त-ए-ग़ुबार सोच लिया

अब न सोचूँगा बोल कर 'सालिक'
फिर उसे बार-बार सोच लिया

(96)

कई टुकड़ों में बाँटी जा रही है
मेरी हस्ती मिटाई जा रही है

न जाओ दूर अब तुम ज़िन्दगी से
क़ज़ा नज़दीक आती जा रही है

लगा कर दाँव पर महफ़िल में देखो
मेरी बोली लगाई जा रही है

उतारो सर कहा था दुश्मनों से
मगर पगड़ी उतारी जा रही है

नहीं उग पाई जो खेतों में सरसों
हथेली पर उगाई जा रही है

बढ़ा है क़द हमारे भाइयों का
दिवार अब छोटी होती जा रही है

(97)

ये तितलियाँ ये फूल भी सकते में आ गये
जब पेड़ चल के ख़ुद ही बगीचे में आ गए

कल तक मिरे अज़ीज़ अँधेरों में क़ैद थे
आँखें रगड़-रगड़ के उजाले में आ गये

नीलाम हो रही है ख़ुशी सुन रहे थे कल
हम भी थे बेवक़ूफ़ जो झाँसे में आ गये

मारा गया गली में उसे सब के सामने
दर पर खड़े थे लोग दरीचे में आ गये

कह कर गए थे है ये मुलाक़ात आख़िरी
जैसे ही आँख झपकी वो सपने में आ गए

ग़ैरों में उनको ढूँढ़ रहा था मगर जनाब
दुश्मन तो आजकल मिरे ख़ेमे में आ गये

वादा किया था धूप में चलने का रात में
कल सुबह साथ छोड़ के साये में आ गये

'सालिक' जहाँ से बचके निकलने की चाह थी
अब क्या करूँ मकाँ वही रस्ते में आ गए

(98)

क्या जाने किस जनम का सिला दे गया मुझे
था बेगुनाह फिर भी सज़ा दे गया मुझे

कैसे यक़ीन कीजिए ग़ैरों की बात का
समझा था जिसको अपना दग़ा दे गया मुझे

लम्बी हो उम्र मेरी दुआ माँगता रहा
मरने की मुफ़्त में जो दवा दे गया मुझे

उसके इशारों को मैं समझ ही नहीं सका
गूँगा था आदमी जो सदा दे गया मुझे

ग़ज़लें पुरानी ले गया आया था ख़्वाब में
इनके इवज में घाव नया दे गया मुझे

भीगा था जिस्म मेरा दिसम्बर की रात में
तुहफ़े में धूप की वो रिदा दे गया मुझे

(९९)

जहाँ की नज़र में वो शैतान हैं
समझते हैं हम वो भी इंसान हैं

न हिंदू न यारो मुसलमान हैं
यहाँ सबसे पहले हम इंसान हैं

ख़ुदा कितने हैं कितने भगवान हैं
यही सोचकर लोग हैरान हैं

नहीं उनको हमसे मुहब्बत अगर
हमारे लिए क्यों परेशान हैं

रिहा कर मुझे या तू क़ैदी बना
तेरे हैं क़फ़स तेरे ज़िंदान हैं

(100)

कह रहे हैं जब सभी तुम भी कहो
आँख मूँदो आम को इमली कहो

बोलते हो झूठ लेकिन एक दिन
आइने के सामने सच ही कहो

कौन रोकेगा तुम्हें कहने से अब
तुम ज़हीनों को भी सौदाई कहो

कैसे कहता कह न पाया आज तक
दोस्तों को जब कहो बैरी कहो

वो नहीं कहता है तू भी कह नहीं
जब कहे हाँ तुम भी तब हाँ जी कहो

वो बने हैं एक-दूजे के लिए
दोस्तों उनको दिया-बाती कहो

कह नहीं पाया मैं जब उसने कहा
जो भी कहना है तुम्हें जल्दी कहो

(101)

धुआँ उठता नहीं कुछ जल रहा है
मुझे वो आग बन कर छल रहा है

पिछड़ जाऊँगा मैं ठहरा कहीं गर
ज़माना मुझसे आगे चल रहा है

बहुत ख़ुश था मैं तन्हाई में पर अब
ये सूनापन मुझे क्यों खल रहा है

अँधेरे में उसे दिखता मैं कैसे
मगर फिर भी वो आँखें मल रहा है

बड़ा होकर दुखों में छाँव देगा
जो ये पौधा ख़ुशी का पल रहा है

निगल जाएगा मुझको भी अँधेरा
ये सूरज ज़िंदगी का ढल रहा है

पिघल जाएँगी चट्टानें दुखों की
हिमालय भी तो यारों गल रहा है

सुधारेगा उसे अब कौन यारो
वही जो उम्र भर अड़ियल रहा है

न था वो बज़्म में रौनक़ नहीं थी
वो है मौजूद तो क्यों खल रहा है

www.ingramcontent.com/pod-product-compliance
Lightning Source LLC
LaVergne TN
LVHW100818071026
849525LV00017B/2203/J
* 9 7 8 8 1 9 5 3 0 4 5 2 3 *